STANCES APHORISTIQUES

SUR L'ACCORD

DE LA PENSÉE ET DE LA RELIGION

DANS LES PROGRÈS

DE LA PHILOSOPHIE RATIONNELLE,

RAMENÉE

A SON PRINCIPE TERNAIRE,

et à la Foi Biblique.

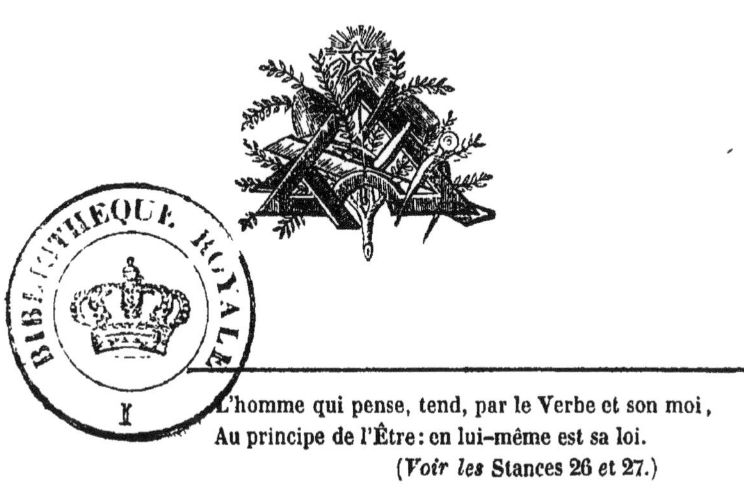

L'homme qui pense, tend, par le Verbe et son moi,
Au principe de l'Être: en lui-même est sa loi.

(*Voir les* Stances 26 et 27.)

PARIS,

CHEZ L'AUTEUR, RUE SAINTE-CROIX DE LA BRETONNERIE, 22.
—
1839.

HOMMAGE A J. GILBERT,

AUTEUR DES *PRINCIPES D'ANTHROPOLOGIE*; ETC.

———

L'Ode *à l'Etre infini*, sous forme d'aphorisme,
Eut en vous un soutien du Spiritualisme,
Quand déjà Saint Martin, contre l'Impiété,
Avant Châteaubriand, élevait le Génie
De la Religion et de la Vérité,
Et que de la Nature il montrait l'harmonie
Avec l'homme, avec Dieu par sa haute raison.
Du dernier Siècle il fut la plus grande lumière.
Par vous je le connus, et son ami De Lière,
Qui seconda, mûrit mes travaux sur Gerson.
L'humain ternaire admis par la Théologie,
Est chez vous démontré dans l'*Anthropologie*.
Que Bœhm rende avec vous leur Principe immortel
Aux Facultés qu'en Dieu puise l'Ontologie;

Je ne puis qu'en traçant l'état rationnel

De la Science, unir, d'après l'analogie,

Le moi, par la Pensée, au Verbe universel,

Dont l'Etre embrasse en grand la Physiologie.

J.-B.-M. Gence.

STANCES SUR L'ACCORD

DE LA

PENSÉE ET DE LA RELIGION

DANS LES PROGRÈS

DE LA PHILOSOPHIE RATIONNELLE,

RAMENÉE

à son Principe et à la Foi.

1.

L'homme, par la Raison, tend aux réalités ;
Mais il est, par les sens, enclin aux Vanités.
Est-ce bien la morale et sage économie
Qu'offre la politique et docte Académie (1) ?

2.

Point de lien moral si la Religion
N'est pour l'homme déchu la Réparation.
Dans le culte chrétien, c'est la Foi dogmatique
Qui donne à la Morale une force énergique (2).

(1) Allusion au programme de l'Académie des sciences morales et politiques, sur l'état de la philosophie avant et depuis Descartes.

(2) Témoin les Sermons de Bourdaloue, nourris de la doctrine des Pères, et les Réflexions de nos Docteurs sur les chapitres de l'Imitation, traduite par l'abbé Dassance.

3.

Eldir (1) fonde en morale un culte universel :
Fortia, Villenave en décorent l'Autel.
Mais Rome a consacré le Rite apostolique.
Et combien par Gerson luit la Foi catholique !

4.

Poussin et Le Sueur, Gerson et Massillon
Sont comme Bossuet au touchant Fénélon.
Les mouvements du cœur inclinent au mystique :
L'élan de l'esprit porte au noble pathétique (2).

5.

Emery de Thérèse avait donné l'Esprit ;
Mais c'est dans les vertus d'un grave auteur qu'il prit
Cet amour qui lui fit relever l'Harmonie,
Chez Leibnitz admirant de Gerson le Génie (3).

6.

Avant Thomas d'Aquin, l'Argumentation
Avait livré le Dogme à la discussion.
La Scolastique fut la subtilité pure.
De vrais Anges étaient D'Aquin, Bonaventure (4).

(1) La sultane indienne, Alina d'Eldir.
(2) Voyez ces articles dans la *Biographie universelle*.
(3) Leibnitz, auteur de l'*Harmonie préétablie*, admirait Gerson et l'*Imitation*, dont le Manuscrit monumental m'est échu par le bon et docte Emery.
(4) Le Docteur Angélique et le Docteur Séraphique.

7.

Contre un Pape despote un Poëte animé
Par Boniface fut vainement renfermé (1).
Frondant l'Orgueil altier, louant le Roi des Anges,
Ses chants partout d'un Dieu célébraient les louanges.

8.

Gerson connut, cita l'ardent Jacoponé (2);
Mais il sut réformer le mysticisme né,
En confondant Rusbrock, de qui l'illuminisme
Absorbait l'ame en Dieu dans un pur quiétisme.

9.

Le Pélerin Gerson, imitateur du Christ,
A suivre le Seigneur, dut préparer l'esprit
Dans l'œuvre originale où la vie affective
Ne pouvait précéder la vie épurative (3).

(1) Jacoponé de Todi, franciscain, renfermé par Boniface VIII.

(2) Dans l'*Imitation*, livre III, chap. 21, sont plusieurs passages de l'Hymn e *Ave, Rex Angelorum.*

(3) Voyez mes *Dernières Considérations*, et la *Modulation* de la grande œuvre latine.

10.

Les superstitions, le trop vain art d'Hermès,
Régnaient : il les combat ; mais l'art pédagogique,
D'un pieux Lulle a joint, pour battre Averroès (1),
La doctrine mystique à l'aristotélique.

11.

Dégénérant en mots, on la vit professer
Dans Paris, apprenant à parler sans penser.
Gerson, des questions blâmant la hardiesse,
Signalait ces vains noms et de genre et d'espèce (2).

12.

Les esprits, par le doute, au vrai furent conduits.
La Scolastique enfin d'un seul mot tombe à terre.
Descartes dit, conclut : Je pense, donc je suis (3).
Mais de l'homme pensant l'Etre peut-il s'abstraire?

(1) Commentateur d'Aristote.

(2) *Quid prodest de altâ Trinitate disputare?... Quid curæ de generibus et speciebus?* Imit. I, 1, 3. *Voy.* l'édition latine publiée chez Treuttel et Würtz, 1826.

(3) *Cogito, ergo sum.* Médit. Desc., axiome combattu par Gassendi.

13.

Gassendi n'était point un subtil adversaire.
Un Etre nécessaire en est par Clarke induit.
Spinosa, Malebranche, en ont plutôt déduit
Dieu dans tout être, ou tout en un Dieu, vrai Trinaire.

14.

Que le bon Jacob Bœhm (1), si cher à Saint-Martin,
Des trois Principes montre en Dieu le grand Mystère
Pour expliquer l'esprit, l'ame, l'organe humain,
Et que Gilbert y fonde en l'homme son ternaire ;

15.

Descartes puise en lui l'Essence, l'action,
Les éléments subtils qui meuvent chaque sphère ;
Quand, par Newton, des corps doués d'attraction,
Vers leur centre commun gravite la matière.

16.

De notre Auteur français le système expliqué
Fut-il trop hardiment aux grands corps appliqué ?
Mais qui nous l'a ravi ? l'eût-on cru ? c'est Voltaire.
Ah ! contre une Émilie (2) est-il quelque adversaire ?

(1) Auteur des *Trois Principes*, traduits de l'allemand par Saint-Martin, et du *Grand Mystère*, non traduit en français.
(2) La marquise du Châtelet.

17.

Newton fut, sur les Temps, vaincu par un Fran-
(çais (1);
L'Optique rayonnante en vain luit chez l'Anglais :
Avant Chevreul, déjà de Bourgeois le Génie,
A prouvé des couleurs la ternaire harmonie (2).

18.

De la Pensée encor par la réflexion,
D'où part Locke, Reid monte à la Perception.
Et Saint-Martin réfute, à l'École normale,
Du sens intérieur l'Analyse mentale (3).

19.

Deux pouvoirs opposés semblent un grand soutien
Du moral né des sens, chez Antoine Lasalle (4);
Mais le Bacon français, sans être anti-chrétien,
Par une Volonté tient la balance égale.

(1) Par Fréret. *Voyez* aussi la Note étendue de M. Daunou, dans
l'article Newton de la *Biographie universelle*.

(2) L'ouvrage inédit de Charles Bourgeois, laissé à son fils,
pourra donner à ses expériences l'autorité due aux Principes
d'harmonie qu'elles supposent.

(3) L'Analyse de l'entendement, professée par Garat.

(4) Auteur de la *Balance naturelle*, de la *Mécanique morale*, et
traducteur et commentateur de Bacon. *Voir sa Biographie.*

20.

Comment donc *résurgit* un Platonicien (1)
Par la *Substance-Cause*, à jamais inconnue ?
Quel acte est du corps mu la Cause, le maintien ?
Cachée au fond du puits, c'est la Vérité nue.

21.

Kant a-t-il dit : Je veux, mais reçois la Raison ?
L'homme a, dès en naissant, du Verbe la lu-
(mière (2),
Avant qu'il ait parlé, l'Essence en Dieu l'éclaire.
La Parole de l'homme émet-elle un vain son?

22.

Sans un Principe actif, la Physiologie
Ne peut, par la matière, en s'animant, sentir (3);
Mais percevoir, penser, vouloir, parler, agir,
Quel ensemble l'opère en la Phrénologie ?

(1) Victor Cousin.

(2) *Verbum Dei illuminat omnem hominem venientem in hunc mundum.* Joann., Evang., I, 9.

(3) Si le genre de la Puce venait à périr, quel organisme humain le recréerait? *Voir les Observations sur le galvanisme,* par le docteur Nauche, à la suite de son Traité sur les maladies des femmes.

23.

L'ame est-ce une Monade au sein de l'Infini,
Ou du moins y tendant par son active essence ?
L'esprit, en s'élevant, peut penser l'Etre immense;
Mais le sens, par le temps et l'espace, est fini.

24.

L'Étoile est un Soleil, tout Soleil une Étoile :
Qui donc a fait cela ! disait Napoléon (1).
L'homme admirant est plus que l'aigle et le lion;
Mais, sans Dieu révélé, quel espace est sans voile?

25.

Qu'en conclure? Qu'aux Cieux rayonnant de clarté,
Mainte demeure s'ouvre aux enfants de la Terre,
En l'immense Maison qu'embrasse Dieu le Père (2)
Nous révèle le Fils, vrai Dieu, la Vérité.

26.

Notre moi dont le Verbe et le temps sont la sphère
Se rattache au Principe, à l'Etre, en sa carrière;
Mais le présent a fui : c'est un constant trépas
Qui dans l'éternité nous jette à chaque pas.

(1) Exclamation de Napoléon revenant de l'île d'Elbe, en admirant, du pont du navire, le ciel étoilé.

(2) *Sunt multæ mansiones in domo Patris mei,* dit le Christ à ses disciples, *Joan. XIV,* 2.

27.

Qu'est-ce donc que le *moi*, sinon la Conscience
De la Raison en nous dans son intime essence?
C'est la voix de l'Esprit dont l'homme est animé
Par le Verbe immuable, au dehors exprimé.

28.

Quel livre est plus ancien vraiment que la Genèse!
Et quelle originale et plus haute synthèse
Que l'*Ego sum qui sum*. Je suis celui qui suis!
Combien dans ce seul mot, Dieu suprême, tu luis!

29.

Tels le Verbe, le moi, l'axiome Biblique,
Elevant la Nature à Dieu par la Raison,
Comme l'ame et l'esprit de nos sens la leçon (1),
Font de l'Histoire un tout, grand et philosophique.

(1) Saint Paul, saint Augustin et Gerson distinguent l'esprit, l'ame et le corps, comme le Christ dans l'*Histoire évangélique*, par ces mots : *anima, spiritus et caro.*

30.

Que le mode d'agir change à tous les instants,
L'expression de l'être et du moi reste entière ;
Mon moi demeure même après quatre-vingts ans,
Quand bien des fois le corps a changé de matière.

31.

La forme a pu rester, ainsi qu'un tact subtil ;
Mais le sens agit-il, pense-t-il et veut-il ?
Tel qui dit, « Le cerveau, c'est l'organe qui pense, »
Nie et le moi, le Verbe et sa propre existence.

32.

Tel croit l'ame en repos : serait-ce Vision ?
Mais, si du moi le Verbe exprime l'action,
La voix de la Raison et de la Conscience
Est l'organe de l'Ame et de la Providence.

33.

Les Lettres, la Science, ont marché de concert
Sous la Religion, qui donne, approfondie,
Par Dupan (1) et Dassance, Henrion et Gilbert,
Une Méthode, un Guide, à l'Encyclopédie.

(1) Le *Christianisme* de Fénélon, recueilli et mis en ordre par
M. Dupan-Loup. *Voyez* dans *la Gazette de France* du 17 fé-
vrier 1839, les Annonces des auteurs de l'*Encyclopédie méthodique
des sciences et des lettres,* dont le point de départ est religieux.

34.

Tel, le Christianisme ouvrant à tous l'accès,
Dupan rend Fénélon cher aux plus hauts Fran-
(çais;
Et tel puisse Henrion, sous le docte Grégoire (1),
Combler de Bossuet l'universelle Histoire.

(1) Grégoire XVI, digne héritier des vertus pastorales de Gré-
goire-le-Grand.

IMPRIMERIE DE LB. THOMASSIN ET COMPAGNIE, RUE SAINT-SAUVEUR. 30.